BEI GRIN MACHT SICH IHR
WISSEN BEZAHLT

Bibliografische Information der Deutschen Nationalbibliothek:

Die Deutsche Bibliothek verzeichnet diese Publikation in der Deutschen National-bibliografie; detaillierte bibliografische Daten sind im Internet über http://dnb.d-nb.de/ abrufbar.

Impressum:

Copyright © 2018 GRIN Verlag
Druck und Bindung: Books on Demand GmbH, Norderstedt Germany
ISBN: 9783346089090

Dieses Buch bei GRIN:

https://www.grin.com/document/511433

Anonym

FinTech. Digitalisierung in der Finanzdienstleistungs-branche

GRIN Verlag

Hausarbeit:

FinTech – Digitalisierung in der Finanzdienstleistungsbranche

angefertigt im Rahmen des
Spezialisierungsmoduls Industrie 4.0
am Fachbereich Wirtschaftswissenschaften
der Hochschule Düsseldorf

Inhaltsverzeichnis

Abbildungsverzeichnis

1 Einleitung

1.1 Problemstellung und Zielsetzung

Die digitale Transformation durchzieht unterschiedliche Bereiche der Wirtschaft und Gesellschaft und konfrontiert Unternehmen branchenübergreifend mit einem radikalen Strukturwandel.[1] Dabei ist auch der Finanzsektor betroffen, in dem in den letzten Jahren eine Reihe von jungen, innovativen Unternehmen, sogenannte *FinTechs*, eine zunehmend bedeutende Rolle spielen.[2] Während traditionelle Banken und Versicherer über viele Jahre Innovationen ausschließlich bei neuen Finanzinstrumenten suchten und dadurch den Ausbau einer modernen IT-Infrastruktur verpassten, sind *FinTechs* in diese Lücke gestoßen und haben neue, technologiebasierte Konzepte zur Finanzierung, Vermögensverwaltung und Zahlungsverkehrsabwicklung auf den Markt gebracht.[3] Die Akzeptanz der neuen Konzepte wird dabei vom veränderten Kundenverhalten begünstigt, das u.a. durch eine abnehmende Kundentreue und höhere Informationsbeschaffung gekennzeichnet ist. Dieser Effekt wird hinsichtlich der Akzeptanz der innovativen Geschäftsmodelle durch die Finanzkrise 2008, der damit einhergehenden Kritik an Großbanken und Versicherungen, und dem damit verbunden Vertrauensverlust der Konsumenten verstärkt.[4] Gleichzeitig kommen die technologieaffinen Generationen X[5] und Y[6] in das Alter der Vermögensbildung. Diese nutzen vermehrt onlinebasierte Finanzdienstleistungen über den Laptop oder das Smartphone, was Bankfilialen zunehmend obsolet macht.[7] Aufgrund der beschriebenen Entwicklung räumt die Unternehmensberatung McKinsey den *FinTechs* das Potenzial ein, etwa 30 bis 40 Prozent der Erträge etablierter Banken für sich zu gewinnen.[8] Die *FinTech-Szene* stellt dabei ein dynamisches Umfeld dar, das permanent Aufmerksamkeit durch neue Geschäftsmodelle, Unternehmensgründungen und Insolvenzen erregt.[9] Vor diesem Hintergrund ist es das Ziel der Hausarbeit, einen Überblick über die Geschäftätigkeiten der

---

[1] Roland Berger 2015, S.6.
[2] Drummer/Jerenz/Siebelt/Thaten 2016, S.2.
[3] Eisenhofer 2015, S.723 ff.
[4] Tiberius/Rasche 2017, S.2.
[5] Zwischen 1965 und 1979 geboren
[6] Zwischen 1980 und 1995 geboren
[7] Eisenhofer 2015, S.726.
[8] Drummer/Jerenz/Siebelt/Thaten 2016, S.6.
[9] Alt/Puschmann 2016, S.30.

FinTechs auf dem deutschen Markt zu geben und auf mögliche Potenziale und Entwicklungen hinzuweisen. Diesbezüglich werden die Geschäftsbereiche und die zugrundeliegenden Technologien der Produkte und Dienstleistungen, die durch *Fin-Techs* angeboten werden, identifiziert und in Hinblick auf den Mehrwert für die Kunden bzw. den Unterschieden zu den Angeboten der etablierten Finanzteilnehmer detaillierter beschrieben.

1.2 Aufbau und Vorgehensweise

Die vorliegende Arbeit gliedert sich in einen theoretischen und praktischen Teil. Im theoretischen Teil wird zunächst der Begriff *FinTech* definiert und die Rolle der *Fin-Techs* im Finanzmarkt eingeordnet. Anschließend erfolgt eine Segmentierung der relevanten Geschäftsbereiche, die im Anschluss hinsichtlich der Geschäftsmodelle und eingesetzter Technologien näher beschrieben werden. Abschließend werden im praktischen Teil drei deutsche *FinTechs* vorgestellt, um auf Besonderheiten in den einzelnen Geschäftsmodellen aufmerksam zu machen.

2 Begriffliche Grundlagen und Rolle von FinTechs im Finanzmarkt

Aktuell gibt es keine einheitliche Definition des Begriffs *FinTech*, weswegen im folgenden Abschnitt auf Grundlage einer Literaturrecherche eine Beschreibung des Begriffs vorgenommen wird. Die Beschreibung umfasst wesentliche Charakteristika von *FinTechs* sowie eine Einordnung dieser in das wirtschaftliche Geschehen im Finanzmarkt.

2.1 Definition FinTech

Das Wort *FinTech* setzt sich aus den beiden Begriffen „Financial Services" und „Technology" zusammen und beschreibt junge Unternehmen oder Einheiten, die unter Anwendung von moderner, innovativer (Informations-)Technologie, spezialisierte Finanzdienstleistungen entwickeln und diese auf dem Finanzmarkt bereitstellen.[10] *FinTechs* sind in diesem Kontext sowohl Unternehmen, die Produkte und Dienstleistungen im Banking anbieten, als auch innovative Anbieter aus dem Versicherungssektor, die in der Literatur teilweise auch als *InsurTechs* bezeichnet werden.[11]

---

[10] Tiberius/Rasche 2017, S.2.
[11] Alt/Puschmann 2016, S.20.

In der vorliegenden Hausarbeit werden *InsurTechs* unter dem Begriff *FinTech* subsumiert.

Die angebotenen Dienstleistungen werden den Kunden in der Regel über das Internet zur Verfügung gestellt und zeichnen sich zumeist durch eine hohe Kundenorientierung, anwendungsfreundliche Funktionen und schlanke Prozesse aus.[12] Dabei kann es sich um Business-to-Consumer- oder Business-to-Business-Dienstleistungen handeln, denen entweder bestehende Geschäftsmodelle, die neu interpretiert werden, oder vollkommen innovative Dienste als Grundlage dienen.[13] Als Treiber der digitalen Transformation im Finanzsektor sind *FinTechs* darauf fokussiert, den Mehrwert für Kunden durch höhere Transparenz, automatische Prozesse und eine leichtere Bedienbarkeit der Angebote zu erhöhen.[14]

Aufgrund der teilweise sehr unterschiedlichen Geschäftsmodelle, Rechtsformen, Entwicklungsstufen und anderer Merkmale der *FinTechs*, ist es kaum möglich eine einheitliche Definition abzuleiten. Für ein weiteres Verständnis wird im nächsten Abschnitt eine Einordnung von *FinTech*s in das wirtschaftliche Geschehen vorgenommen.

2.2 Die Rolle von FinTechs im Finanzmarkt

Viele *FinTechs* verfolgten zu Beginn ihrer Gründung das Ziel, die Banken- oder Versicherungswelt zu revolutionieren.[15] Dies führte zu dem Resultat, dass die *FinTechs* den etablierten Unternehmen in der Regel als Antagonisten gegenüberstanden[16] und diese die neuen Wettbewerber lange Zeit als Bedrohung ansahen.[17]

Doch mittlerweile ist ein Umdenken, sowohl bei den etablierten Banken und Versicherern als auch bei den *FinTechs*, erkennbar, was auf mehrere Gründe zurückzuführen ist.[18]

Zum einen haben die jungen Unternehmen bemerkt, dass insbesondere Privatkunden ihnen weniger Vertrauen im Umgang mit ihrem Geld entgegen bringen, was zu einer erschwerten Kundenakquise führt und hohe Investition in Marketingaktivitäten erforderlich macht.[19] Daneben sind viele *FinTechs* nicht im Besitz einer Bank- oder Versicherungslizenz[20], die allerdings Voraussetzung für viele Geschäftsmodelle wie

---

[12] Drummer/Jerenz/Siebelt/Thaten 2016, S.2.
[13] Kröner 2017, S.28.
[14] Danker 2016, o.S.
[15] Schmitz/Müller-Tronnier 2018, S.35.
[16] Kröner 2017, S.28; Horvarth & Partners 2014, S.3.
[17] Lemmer 2017, S.19.
[18] Schmitz/Müller-Tronnier 2018, S.35f.; Manz 2018, S.177.
[19] Finance-Research 2017, S.15.
[20] Lemmer 2017, S.19.

z.B. der Vergabe von Krediten, der Durchführung von Zahlungen, dem Betrieb von Konten und Depots oder der Abwicklung von Versicherungsgeschäften ist. Das Verfahren für die Beantragung einer solcher Lizenz ist hingegen sehr aufwendig, langwierig und durch hohe Kosten gekennzeichnet, was viele *FinTechs* von einer Beantragung abschreckt.[21]

Zum anderen haben die etablierten Marktteilnehmer die Innovationskraft der *Fin-Techs* registriert und erkannt, dass sie selbst von den Ideen profitieren und ihre eigene digitale Transformation durch Kooperationsmodelle, Vertriebspartnerschaften oder Akquisition vorantreiben können.[22] In diesem Zusammenhang entstehen Synergieeffekte, denn Banken und Versicherer verfügen über riesige Datenmengen[23], die als Grundlage für viele innovative Produkte und Services dienen können und durch Kooperationen mit *FinTechs* geeigneten Entwicklern zugänglich gemacht werden. Die *FinTechs* weisen im Gegensatz zu den etablierten Unternehmen zumeist eine moderne, dezentrale IT-Infrastruktur und eine damit verbundene agile Arbeitsweise auf. Mit den bereitgestellten Daten können sie neue Dienstleistungen entwickeln und diese in iterativen Schleifen im direkten Austausch mit den Kunden optimieren.[24] Mit Hilfe der technologisch fortgeschrittenen *FinTechs* können die traditionellen Institute infolgedessen veraltete IT-Infrastrukturen und eingefahrene Prozesse überwinden, wohingegen die *FinTechs* von den Kundendaten profitieren.[25] Der Zugriff auf Softwareentwickler und technologischen Know-how ist in diesem Kontext ein weiterer Grund für die traditionellen Finanzdienstleister, Kooperationen mit *FinTechs* einzugehen.[26]

Während die jungen Unternehmen somit zum Innovationstreiber der Finanzdienstleister geworden sind, haben sich gleichzeitig auch einige *FinTechs* mit disruptiven Geschäftsmodellen auf dem Finanzmarkt positioniert.[27] Disruptiven Technologien beschreiben in diesem Sinne radikale Innovationen, die etablierte Produkte oder Dienstleistungen, verdrängen und ersetzen.[28] In diesem Zusammenhang wird insbesondere der Blockchain-Technologie ein disruptives Potenzial zugeschrieben[29], die u.a. beim Handel mit der virtuellen Währung Bitcoin eingesetzt wird und eine

---

[21] BaFin 2016a, o.S.; Finance-Research 2017, S.46f.
[22] Schmitz/Müller-Tronnier 2018, S.37.
[23] Brühl 2018, S.8.
[24] Bain & Company 2017, S.14.
[25] Striezel et al. 2018, S.16.
[26] Manz 2018, S.178.
[27] Accenture 2017, S.2.
[28] Christensen 1997, S.232 ff.
[29] Tiberius/Rasche 2017, S.21; PwC 2016, S.12.

dezentrale, rechtssichere und verschlüsselte Form von Transaktionen ermöglicht.[30] Die Rolle der Bank als Intermediär könnte durch dieses dezentrale System z.B. bei finanziellen Transaktionen ins Ausland obsolet gemacht werden.[31] Die Technologie kann dabei für alle Arten von Transaktionen, wie auch beispielsweise dem Abschluss eines Versicherungsvertrages oder dem Transfer von Wertpapieren oder anderer Vermögensgegenstände, eingesetzt werden.[32]

Um einen besseren Eindruck über die Aktivitäten der *FinTechs* zu erhalten, wird im nächsten Teil der Arbeit eine Segmentierung dieser hinsichtlich der angebotenen Dienstleistungen vorgenommen.

3 Geschäftsbereiche von FinTechs

Die Segmentierung der *FinTechs* erfolgt in dieser Arbeit in die vier großen Bereiche *Kreditgeschäft, Vermögensmanagement, Zahlungsverkehr* und *Versicherungen.*[33] Daneben wurden die Segmente *Vergleichsplattformen für Finanzdienstleistungen* und *Dienstleistungen und Software für Banken und Versicherungen* identifiziert, auf die in der Arbeit allerdings nicht näher eingegangen wird.

Die nachfolgende Abbildung veranschaulicht die Segmentierung und illustriert die detaillierte Darstellung der Teilsegmente.

KREDITGESCHÄFT	VERMÖGENS-MANAGEMENT	ZAHLUNGS-VERKEHR	VERSICHERUNGEN	SONSTIGE
KREDITVERGABE	ROBO-ADVISOR - FULL- SERVICE - HALF- SERVICE - SELF - SERVICE	ALTERNATIVE BEZAHLVERFAHREN - MOBILE-PAYMENT - E-WALLET BZW. CYBERWALLET	PEER-TO-PEER-VERSICHERUNGEN (P2P)	VERGLEICHS-PLATTFORMEN FÜR FINANZDIENST-LEISTUNGEN
CROWDFUNDING			PAY-AS-YOU-USE-VERSICHERUNGEN	DIENSTLEISTUNGEN & SOFTWARE FÜR BANKEN UND VERSICHERUNGEN
- SPENDENBASIERTES CROWDFUNDING	SOCIAL TRADING/ SOCIAL INVESTING	KRYPTO-WÄHRUNGEN & BLOCKCHAIN		
- GEGENLEISTUNGS-BASIERTES CROWDFUNDING	TAGES-/ FESTGELDKONTEN & GIROKONTEN	- DIGITALE WÄHRUNGEN	DIGITALE VERSICHERER	
- CROWDINVESTING		- BLOCKCHAIN		
- CROWDLENDING				
- P2P-LENDING				
- SOCIAL-LENDING				

Abbildung 1: Segmentierung der FinTechs [34]

---

[30] Tiberius/Rasche 2017, S.21.
[31] Korschinowski et al. 2018, S.279.
[32] ebd., S.283.
[33] Tiberius/Rasche 2017, S.2f.
[34] Quelle: Eigene Abbildung, angelehnt an Tiberius/Rasche 2017, S.2f.

In den nächsten Abschnitten (3 1 – 3.4) werden ausgewählte Teilsegmente hinsichtlich ihrer Geschäftsmodelle ud eingesetzten Technologien detaillierter beschrieben.

3.1 Kreditgeschäft

Das Segment *Kreditgeschäft* st ein Überbegriff für *FinTechs*, die Finanzierungen für Unternehmen und/oder Privatpersonen bereitstellen bzw. vermitteln.

Dem Teilsegment *Kreditvergabe* können insbesondere *FinTechs* zugeordnet werden, die sich auf die Automatisierung und Standardisierung des Kreditvergabeprozesses über das Internet fokussieren. Die Bonitätsprüfung der Privatpersonen oder Unternehmen wird dabei vollautomatisiert im Hintergrund mithilfe von intelligenten Algorithmen getätigt, sodass der Kunde nach wenigen Minuten ein transparentes und individuelles Angebot erhält.[35] Hierbei bedienen sich *FinTechs* mitunter allen Informationen, die über die Person, die den Kreditantrag stellt, frei im Internet zugänglich sind.[36] Für die Berechnung des Kreditscores wird in diesem Zusammenhang beispielsweise das Surfverhalten eines Kunden sowie seine Aktivitäten in sozialen Netzwerken analysiert. Durch automatisierte und datenintensive Systeme können schnelle und kostengünstige Entscheidungen realisiert werden.[37]

Das zweite Teilsegment im *Kreditgeschäft* bilden *FinTechs*, die eine Form von Crowdfunding anbieten. Das Crowdfunding bezeichnet die Finanzierung (Funding) eines Projekts (z.B. ein neues Produkt) durch eine Vielzahl von Personen (Crowd). Dabei tritt in der Regel die Crowdfunding-Plattform anstelle einer klassischen Bank als Intermediär auf und führt den Kreditnehmer mit einer Vielzahl von Personen zusammen.[38] Im Wesentlichen kann dabei zwischen vier verschiedenen Modellen unterschieden werden.[39]

Während die „Crowd" beim *spendenbasierten Crowdfunding* für ein ausgewähltes Projekt Geld spendet und dementsprechend keine Gegenleistung erhält, bekommt es beim *gegenleistungsbasierten Crowdfunding* eine symbolische, nicht-monetäre Gegenleistung. Dies kann beispielsweise die Nennung der Namen der Sponsoren im Abspann eines mitfinanzierten Films sein.[40] Die beiden Formen geben Projektgründern eine Alternative zu den klassischen Finanzierungsformen durch Banken

---

[35] Finanzmarktwelt 2017, o.S.
[36] Horvath & Partners 2015, S.6.
[37] Braune/Landau 2017, S.506.
[38] Belleflamme et al. 2014, S.588.
[39] BaFin 2016c, o.S.
[40] BaFin 2016c, o.S.

oder Risikokapitalgebern und eignen sich insbesondere für private Personen oder kleine, innovative Unternehmen, die aufgrund einer unzureichenden Bonität Schwierigkeiten bei der Aufnahme eines klassischen Kredites hätten. Die Betreiber der Crowfunding-Plattformen erhalten für ihre Dienste eine Vermittlungsprovision[41] oder eine freiwillige Zahlung[42] der Projektgründer.

Die Kapitalgeber beim *Crowdinvesting* (Equity Based Crowdfunding) erhalten entweder eine Beteiligung an zukünftigen Gewinnen des finanzierten Projekts oder Anteile bzw. Schuldscheine des Unternehmens.[43] Die Investoren werden bei dieser Art der Unternehmensfinanzierung allerdings zu keinen „echten" Gesellschaftern, sondern partizipieren ausschließlich an dessen potenziellen Wertsteigerungen und Gewinnen.[44] In den meisten Fällen wird die Durchführung einer Due Diligence der zu finanzierenden Start-up-Projekte nicht von den Plattformen übernommen. Es werden allerdings spezielle Auswahlkriterien festgelegt, damit ein Projekt bzw. Start-up finanziert werden kann. Die Crowdinvesting-Plattformen finanzieren sich über Gebühren, die nach einer erfolgreichen Finanzierung fällig werden und sich nach dem Umfang des eingeworbenen Kapitals richten. In Deutschland werden dabei Erfolgsprovisionen von bis zu zehn Prozent von den *FinTechs* erhoben.[45] Einige Crowdinvesting-Plattformen profitieren daneben auch vom wirtschaftlichen Erfolg der finanzierten Unternehmen, da die Investoren einen Teil ihrer Gewinn-, Unternehmenswert-, und Exiterlös-Beteiligungen an die Portale abführen müssen (Carried Interest).[46]

Im vierten Modell, dem *Crowdlending*, ermöglichen *FinTechs* die Vergabe von Privat- oder Geschäftskrediten über ihre Plattformen, bei denen die Investoren bzw. die Kreditgeber den eingesetzten Betrag zuzüglich eines vorab festgelegten Zinssatzes als Gegenleistung erhalten. Die Höhe der Verzinsung wird durch das Ausfallrisiko des Kapitalnehmers bestimmt und obliegt im Gegensatz zum klassischen Kreditgeschäft den Kapitalgebern und nicht dem Intermediär.[47] Der Kapitalnehmer profitiert in diesem Modell üblicherweise von geringeren Zinssätzen, wobei die Kapitalgeber einen Mehrwert in Form von attraktiven und soliden Renditen generieren können. Möglich wird dies durch die Ausschaltung der Banken als Intermediär und

---

[41] VisionBakery, o.S.
[42] Startnext, o.S.
[43] BaFin 2016c, o.S.
[44] Schramm/Carsterns 2014, S.7.
[45] Sixt 2014, S.136f.
[46] Klöhn et al. 2015, S.147.
[47] Gruber/Seidel 2017, S.112.

kosteneffizienten Strukturen, die durch die Fokussierung auf vollautomatisierte und digitale Prozesse erzielt werden können.[48] Abbildung 2 beschreibt die Funktionsweise des Crowdlendings aus der Perspektiven des Kreditnehmers und Anlegers in chronologischer Reihenfolge.

Abbildung 2: Funktionsweise des Crowdlending [49]

Besondere Formen des *Crowdlending* stellen das *Peer-to-Peer-Lending (P2P)* und das *Social-Lending* dar. Das *P2P-Lending* setzt dabei keine größere Anzahl von Anlegern voraus. Dies bedeutet, dass ein Kreditgeber die gesamte Finanzierung für einen Kreditnehmer leistet. Beim *Social-Lending* haben die Kreditgeber zwar einen Rückzahlungsanspruch, erhalten im Gegensatz zum *Crowdlending* jedoch keine Verzinsung des eingesetzten Kapitals.[50]

In der Regel finanzieren sich die Betreiber von Crowdlending-Plattformen über zwei verschiedene Arten von Gebühren. Zum einen erhalten sie einen bestimmten Prozentsatz des Anlagebetrags von den Kreditgebern. Zum anderen zahlen die Kreditnehmer eine Gebühr, die zumeist auf Grundlage eines festgelegten Prozentsatzes des Kreditbetrages berechnet wird.[51]

---

[48] Braune/Landau 2017, S.509.
[49] Quelle: Eigene Darstellung
[50] Gruber/Seidel 2017, S.113.
[51] Crowdfunding Informationsportal, o.S

3.2 Vermögensmanagement

Das Segment *Vermögensmanagement* umfasst *FinTech*-Unternehmen, die mit ihren Angeboten Privat- oder Geschäftskunden bei der Vermögensberatung und -verwaltung unterstützen. Das Segment wird in die Bereiche *Social Trading* und *Robo-Advisor* unterteilt.

Beim *Social Trading* bzw. *Social Investing* haben interessierte Investoren (Follower) die Möglichkeit, Handelsstrategien bzw. Portfolios von erfahrenen Tradern, sog. Social Tradern, einzusehen, und deren individuelle Investment-Strategien zu kopieren. In der Regel sind sämtliche Käufe und Verkäufe von Wertpapieren oder anderen Anlageprodukten für die Mitglieder der Social Trading-Plattform einsehbar.[52] Mithilfe des kollektiven Wissens soll ein Mehrwert für alle geschaffen werden. Zur Veröffentlichung und der Einsicht von Handelsstrategien (je nach Betreiber zu Aktien, CFD´s[53], Zertifikaten etc.) müssen sich Nutzer zuvor auf einer Plattform registrieren.[54] Je nach Plattform werden die Käufe bzw. Verkäufe der Anlageprodukte automatisch mit zuvor eingezahlten Vermögen repliziert (auch als *Copy- oder Mirror-Trading* bezeichnet) oder durch Zertifikate nachgestellt, welche die Anleger in ihr bestehendes Wertpapier-Depot aufnehmen können.[55] Unerfahrene Anleger können somit eine unabhängige und transparente Anlageberatung erhalten, die in der Regel mit keinen oder sehr geringen Gebühren verbunden ist. Lohnenswert sind die *Social Trading*-Plattformen auch für die Social Trader, die abhängig von ihrer Followeranzahl und Portfolioentwicklung eine finanzielle Entlohnung erhalten.[56] Die Ertragsmodelle für die Plattformenbetreiber sind unterschiedlich und basieren u.a. auf dem Spread zwischen An- und Verkaufspreis der Transaktionen oder auf jährlichen Zertifikatsgebühren sowie anteiligen Performancegebühren.[57]

Zum Teilsegment *Robo-Advisor* zählen *FinTechs*, die Algorithmus-basierte Systeme zur Portfoliosteuerung anbieten. Die Systeme sind dabei in der Regel vollautomatisiert und geben den Investoren Anlageempfehlungen. Darüber hinaus führen sie teilweise eigenständig Transaktionen durch.[58] Die Stiftung Warentest unterscheidet in diesem Sinne zwischen *Full-Service-Robo*, *Half-Service-Robo* und *Self-*

---

[52] Finanzen.net, o.S.
[53] Contracts for Difference
[54] Braun 2013, S.28.
[55] Kern 2017, S.190.
[56] Finanzen.net, o.S.
[57] Brylewski/Lempka 2017, S.43; Kern 2017, S.193.
[58] EBA 2015, S.12 ff.

Service-Robo.[59]

Der *Full-Service-Robo* macht Anlagevorschläge, vermittelt das Portfolio und verwaltet das Anlagedepot des Anlegers eigenverantwortlich. Diese vollständig automatisierte Vermögensverwaltung steht unter der Aufsicht der BaFin. *Half-Service-Robos* funktionieren ähnlich wie *Full-Service-Robos*, wobei vor jeder Umschichtung des Depots die Anleger manuell zustimmen müssen. Die *Self-Service-Robos* geben lediglich Vorschläge und sind häufig kostenlos.[60]

Die BaFin nimmt dagegen eine Unterscheidung zwischen „Automatisierter Finanzportfolioverwaltung", bei der fortlaufend Anlageempfehlungen gegeben werden und „Automatisierter Anlageberatung und automatischem Trading", bei der eine einmalige Empfehlung für ein Musterportfolio oder eine Anlage ausgesprochen wird, vor.[61] In der Regel werden die Anlageempfehlungen bzw. -entscheidungen auf Basis eines webbasierten Fragekatalogs und eines Algorithmus getroffen. Die Fragenkataloge variieren je nach Anbieter und beziehen sich beispielsweise auf persönliche Umstände, Anlageziele, Anlageerfahrungen und die Risikoaversion des Investors und werden von diesem zu Beginn der Nutzung beantwortet. Die Algorithmen basieren auf den Erkenntnissen der modernen Finanztheorie und Machine-Learning Anwendungen wie Apache Mahout, das ein Open Source Regelwerk zur Entwicklung von Auswertungsalgorithmen großer Datenmengen ist.[62]

Aufgrund der vorteilhaften Kostenstruktur von ETFs und dem hohen Automatisierungsgrad des Services, sind die Gebühren der *Robo-Advisor* im Vergleich zu klassischen Fondsmanagern deutlich geringer.[63] Die Ertragsmodelle der *FinTechs* enthalten häufig pauschale Elemente, die i.d.R. anhand eines kleinen Anteils des Investmentbetrages berechnet werden, und performanceabhängige Gebühren.[64]

Die nachfolgende Abbildung illustriert die Funktionsweise eines *Full-Service-Robo*.

---

[59] Stiftung Warentest 2016, o.S.
[60] Stiftung Warentest 2016, o.S.
[61] BaFin 2017d, o.S.; BaFin 2017e, o.S.
[62] Arnold 2018, S.272 f.
[63] Alt/Puschmann 2016, S.116 f.
[64] Sennewald 2017, S.115.

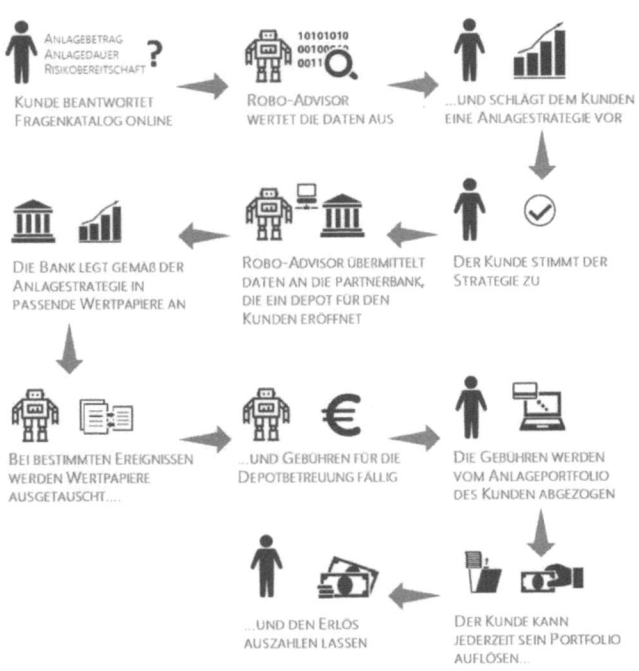

Abbildung 3: Funktionsweise eines Full-Service-Robo [65]

Zu den weiteren Anbietern in diesem Segment zählen auch *FinTechs*, die zumeist über Kooperationen mit etablierten Banken Geld in das EU-Ausland vermitteln, um Kunden von den dortigen Zinsvorteilen profitieren zu lassen. Diesbezüglich gibt es insbesondere Angebote zu Tages- und Festgeldkonten, wobei der jeweilige Zinssatz i.d.R. automatisch auf Basis des Anlagebetrages und der Laufzeit berechnet wird. Um das Angebot nutzen zu können, muss der Kunde ein Verrechnungskonto beim Anbieter eröffnen, von wo aus das Geld automatisch an die ausgewählte Partnerbank transferiert wird.[66] Auch klassische Bankprodukte wie Girokonten werden von *FinTechs* angeboten. Kontoeröffnungen bzw. -wechsel zeichnen sich dabei durch schlanke, schnelle und benutzerfreundliche Prozesse aus.

Die Inanspruchnahme der Angebote basiert häufig auf der Nutzung von mobilen Applikationen. Die Dienstleistungen können aufgrund der effizienten Nutzung von

---

[65] Quelle: Eigene Darstellung
[66] Eilinghof/Lietzau 2018, o.S.

Technologien und den Verzicht auf Bankfilialen, kostengünstiger als von traditionellen Banken angeboten werden.[67]

3.3 Zahlungsverkehr

FinTech-Unternehmen, die Dienstleistungen und Anwendungen für den internationalen und nationalen Zahlungsverkehr anbieten, werden dem Segment *Zahlungsverkehr* zugeordnet. Das Teilsegment *alternative Bezahlverfahren* beinhaltet dabei Anbieter von *Mobile-Payment-Lösungen.* Hierunter wird das Zahlen mit einem mobilen Endgerät (Smartphone, Mobiltelefon, Tablet) verstanden.[68] Dies umfasst verschiedene Funktionalitäten wie z.B. das kontaktlose Bezahlen im stationären Handel oder Überweisungen, die mithilfe des mobilen Endgerätes durchgeführt werden.[69] Kontaktlose Zahlungen über das Smartphone im stationären Handel können auf Basis unterschiedlicher Technologien erfolgen. Die weitverbreitetsten technischen Übertragungsstandards sind dabei NFC (Near Field Communication), QR-Codes und BLE (Bluetooth Low Energy).[70] Mit NFC können Daten innerhalb einer kurzen Strecke von wenigen Zentimetern zwischen zwei Geräten, sowie einem Gerät und einer Karte (Kreditkarte), übertragen werden. Zur Geldübertragung muss das Gerät nur noch kurz an das Terminal der Kasse gehalten werden. Ein Vorteil dieser Technologie ist neben einer hohen Benutzerfreundlichkeit, auch die Unterstützung der internationalen Kartenorganisationen und großen Mobiltelefonhersteller, wobei Apple die NFC-Schnittstelle für iPhones zurzeit nur für das eigene Zahlsystem *ApplePay* freigegeben hat.[71] Im Vergleich zu NFC besitzt die Funktechnologie BLE eine höhere Reichweite von etwa 10 Meter. Mobiltelefone, die in der Regel eine Bluetooth Funktion enthalten, können im Radius eines BLE-Sendern bzw. im „*Beacon*" identifiziert und für die Zahlung genutzt werden. Einer hohen Anwenderfreundlichkeit steht hier der händlerseitige Aufbau einer separaten Bluetooth-Infrastruktur gegenüber.[72]

Zur Zahlung an stationären Kassen können auch QR- bzw. Quick-Response Codes Verwendung finden. Hierbei scannt der Kunde mit seinem Smartphone einen QR-Code ein, der vom Kassenterminal generiert wurde. Die zweite Variante besteht in der Erzeugung eines QR-Codes auf dem Kunden-Gerät und dem scannen durch

---

[67] Braune/Landau 2017, S.504 ff.; Klotz 2017, o.S.
[68] Lerner 2012, S.1.
[69] Hierl 2017, S.82.
[70] Göbel 2017, S.149.
[71] ebd.
[72] ebd., S.151.

die Kasse. Vorteile dieses Verfahrens liegen zum einen in der Flexibilität, da die Codes sowohl auf einem Bildschirm als auch auf einer papierhaften Rechnung abgebildet werden können. Zum anderen ist im Vergleich zur NFC-Technologie eine deutliche höhere Verfügbarkeit auf den Mobiltelefonen vorzeigbar.[73]

Den *alternativen Bezahlverfahren* werden des Weiteren Anbieter von *E-Wallets* oder *Cyberwallets* zugeordnet. Darunter fallen elektronische Geldbörsen, die in Regel über Überweisungen, Kreditkartenzahlungen oder Lastschriften mit einem gewünschten Betrag aufgeladen werden können. Die Methode wird insbesondere im E-Commerce oder bei Online-Auktionen als Zahlungsmittel eingesetzt und stellt eine schnelle und benutzerfreundliche Transaktion sicher.[74]

Dem Teilsegment *Kryptowährungen und Blockchain* werden *FinTechs* zugeordnet, die kryptographische Währungen (digitales Geld) wie z.B. Bitcoins, Ripples oder Ethereum als Alternative zum durch die Banken regulierten Fiat-Geld anbieten. Virtuelle Währungen werden von keiner zentralen Instanz kontrolliert oder verwaltet und können als Transaktionsmittel verwendet und elektronisch übertragen, verwahrt oder gehandelt werden.[75] Die Vorteile liegen in der schnelleren, sichereren und kostengünstigeren Abwicklung von Transaktionen. Demgegenüber werden virtuelle Währungen allerdings auch oft mit illegalen Aktivitäten wie der Geldwäsche oder dem Handel von Waffen und Drogen in Verbindung gebracht, da die Transaktionen anonym vorgenommen werden können.[76]

Zur Absicherung der Transaktionen wird die Blockchain-Technologie verwendet. Die Blockchain kann dabei als eine Art Datenbank betrachtet werden, die alle Transaktionen auf einer Vielzahl von Servern speichert und in Blöcken zusammenfasst. Jeder Block verweist auf den ihm vorausgegangenen Block, wodurch eine Kette, die „Blockchain", gebildet wird, die nur sehr schwer zu manipulieren ist und für eine hohe Transparenz zwischen den Marktteilnehmern sorgt.[77]

Das Segment *Zahlungsverkehr* umfasst daneben auch *FinTechs* mit weiteren innovativen Lösungen für den Zahlungsverkehr. Beispielsweise bieten einige junge Unternehmen Überweisungen zwischen zwei Individuen an (Peer-to-Peer Überweisung) an. Dabei können Kunden, meistens unter Verwendung einer App, Geld an die in ihrem Smartphone gespeicherten Kontaktpersonen verschicken, ohne die

---

[73] Göbel 2017, S.150.
[74] Burgmaier/Hüthig 2015, S.19.
[75] BaFin (2016b), o.S.
[76] Europäisches Parlament 2016, o.S.
[77] Deloitte 2016, S.2.

vorherige Eingabe einer IBAN oder TAN. Da die Methode nicht vollkommen Risikofrei ist, sind Transaktionen in der Regel auf einen Betrag von 20-25€ begrenzt.[78]

3.4 Versicherungen

Das Segment *Versicherungen* bündelt *FinTechs* die Versicherungen vermitteln oder selber anbieten. Dem Segment kann in die zwei Teilsegmente *Peer-to-Peer-Versicherungen* und *Pay-as-you-use-Versicherungen* aufgeteilt werden.

Das Angebot von *Peer-to-Peer-Versicherungen* basiert auf dem Zusammenschluss von einer bestimmten Anzahl von Einzelversicherten zu einer Gruppe, die sich im Schadenfall gegenseitig unterstützt. Der Selbstbeteiligungsanteil der Einzelversicherten wird dabei i.d.R. erhöht, wodurch der Versicherungsbeitrag sinkt. Die Gruppe sammelt im Kollektiv eine Art gemeinsamen Selbsterhalt, der Teil der regulären Prämie ist, offiziell jedoch nicht so bezeichnet wird. Wird dieser Betrag nicht durch einen Schadenfall aufgebraucht, wird er am Ende der Versicherungsperiode wieder ausgezahlt.[79] Der Nutzer profitiert so zum einen von einer geringeren Versicherungsprämie und zum anderen von einer jährlichen Beitragsrückzahlung. Die *FinTechs* kooperieren in diesem Geschäftsmodell mit Versicherungsunternehmen, die ebenfalls von den Online-Plattformen profitieren. Die Aussicht auf einen Schadensfrei-Bonus am Ende des Jahres und das Zusammengehörigkeitsgefühl schaffen beim Nutzer positive Reize gegen Versicherungsbetrug, wodurch Schadenauszahlungen und die Anzahl von Schäden verringert werden, was sich für die Versicherungsunternehmen in niedrigeren Bearbeitungs- und Schadenregulierungskosten bemerkbar macht.[80]

Pay-as-you-use-Versicherungen sind beispielsweise bei KFZ-Versicherungen aufzufinden und werden in diesem Bereich auch als Telematik-Versicherungen bezeichnet. Auf Basis von zahlreichen Daten, wie z.B. Fahrgeschwindigkeit, Beschleunigungs- und Bremsverhalten usw., wird das Versicherungsrisiko eines Fahrers erstellt, auf dessen Basis ein individueller Versicherungsbetrag berechnet werden kann.[81] Technische Voraussetzung für die Nutzung des Angebots ist entweder eine fest installierte Telematikbox oder eine Telematik-App des Versicherers. Die Telematikbox greift während der Fahrt auf relevante Steuergrößen zu, sammelt deren

---

[78] Hierl/Salmon 2017, S.161.
[79] Wolff-Marting 2014, o.S.
[80] Schmitz/Müller-Tronnier 2018, S.45.
[81] Tiberius/Rasche 2017, S.3.

Daten und sendet diese per Funk an einen definierten Adressaten z.B. den Versicherer.

Die Telematik-App kann über eine Verbindung des Smartphones mit dem Wagen, beispielsweise über den Zigarettenanzünder, auf die erforderlichen Fahrzeugdaten zugreifen und diese per Mobilfunk automatisch an einen Dienstleister sendet. Der Nutzer kann über die Website oder App des Anbieters beispielsweise auch seine gefahrene Strecke einsehen oder sich Ratschläge für die Optimierung seines Fahrverhaltens einholen.[82] Abbildung 4 veranschaulicht die Wirkungsweise einer Telematik-Versicherung.

Abbildung 4: Wirkungsweise von Telematik-Versicherungen [83]

Daneben drängen immer mehr *FinTechs* auf den Markt, die eigene Versicherungen digital anbieten und die dafür erforderliche Versicherungslizenz beantragen.[84] Das Ziel ist es dabei Produkte hervorzubringen, die völlig digital und kundenzentriert sind und einfache Prozesse entlang der gesamten Wertschöpfungskette anbieten.[85]

4 Vorstellung deutscher FinTechs

Im nachfolgenden Teil werden exemplarisch die Geschäftsmodelle drei deutscher *FinTechs* näher erläutert. Diesbezüglich wurde für die Recherche primär auf die Internetseiten, Geschäftsberichte und anderen öffentlichen Dokumenten der Unternehmen zurückgegriffen.

4.1 Kreditech

Die Kreditech Holding SSL GmbH ist ein deutsches *FinTech* mit Firmensitz in Hamburg und wurde 2012 gegründet. Das Ziel des Unternehmens ist der Aufbau einer

---

[82] Rode, o.S.
[83] Quelle: Eigene Darstellung
[84] Ermisch 2018, o.S.
[85] Kyriasoglou, o.S.

digitalen Bank, die Finanzdienstleistungen für Konsumenten weltweit anbietet. Die Gruppe teilt sich in zwei Bereiche auf: „Kredi" steht für die Tochtergesellschaften, die als Finanzdienstleister auf den jeweiligen Märkten aktiv sind und Kredite für Privatkonsumenten anbieten. „Tech" repräsentiert die Muttergesellschaft in Hamburg und entwickelt die erforderliche Technologie für die Tochtergesellschaften.[86] Aktuell ist das *FinTech* mit fünf Tochtergesellschaften im Ausland (Polen, Spanien, Tschechische Republik, Russland, Mexiko) aktiv.[87] Für das Jahr 2018 ist die erfolgreiche Etablierung des Geschäftsmodells in Indien in Zusammenarbeit mit PayU geplant.[88] Die Zielgruppe des Unternehmens sind Personen, die aufgrund eines fehlenden oder schlechten Bonitätsratings keinen Kredit von einer klassischen Bank gewährt bekommen würden. Für die Ermittlung des Kreditrisikos dieser Personen hat Kreditech ein eigenes Kreditscoring entwickelt, das auf Basis von Big-Data und selbstlernenden Algorithmen funktioniert. Unter Verwendung der entwickelten künstlichen Intelligenz können pro Kunde bis zu 20.000 Datenpunkten ausgewertet werden. Die Modelle entwickeln sich dynamisch weiter und orientieren sich an Erfahrungen und Ergebnissen der Vergangenheit Dies ermöglicht es dem Unternehmen, einen Kunden innerhalb von weniger als einer Minute zu bewerten und das Kreditrisiko mit einer hohen Präzision einzuschätzen.[89] Im Vergleich dazu benötigt eine klassische Geschäftsbank fünf bis sieben Tage.[90] Alle Dienstleistungen werden dabei digital angeboten und stehen dem Kunden mit sofortiger Kreditentscheidung und Auszahlung rund um die Uhr zur Verfügung. Das Unternehmen weist einen hohen Automatisierungsgrad über alle Treiber der Wertschöpfungskette auf (Abbildung 5).[91]

Abbildung 5: Digitale Prozesse entlang der gesamten Wertschöpfungskette [92]

[86] Kreditech, o.S.
[87] Kreditech Jahresabschluss 2018, o S.
[88] Kreditech 2018, o.S.
[89] Kreditech, o.S.
[90] Braune/Landau 2017, S.504.
[91] Kreditech, o.S.
[92] Quelle: Eigene Abbildung, angelehnt an Kreditech, o.S.

Laut eigenen Angaben hat das Unternehmen über seine Tochtergesellschaften bereits mehr als vier Millionen Kreditanträge insgesamt bearbeitet. Zwischen 2013 und 2016 konnte ein durchschnittliches jährliches Umsatzwachstum von 320% erreicht werden, womit das Unternehmen laut Focus und Statista zu den am schnellsten wachsenden Unternehmen in Deutschland zählte.[93]

4.2 YUKKA Lab

Die YUKKA Lab AG mit Sitz in Berlin bietet einen Robo-Advisor an, der Finanznachrichten in Sekundenschnelle lesen und verstehen kann und dadurch Privatanlegern, Vermögensverwaltern und Finanzberatern einen Informationsvorsprung bietet. Unter dem Einsatz verschiedener Methoden künstlicher Intelligenz, wie Machine Learning und Neuronaler Netzwerke, werden Textdaten automatisch in Echtzeit erfasst und in einer kontextbezogenen Analyse als positiv, negativ oder neutral klassifiziert. Das System kann auf der Basis der analysierten Nachrichten Stimmungen am Finanzmarkt quantifizieren und somit Marktveränderungen identifizieren. Das Tool dient somit als Frühwarnsystem für Trends und Trendwenden.[94]

Die Funktionsweise der semantischen Textanalyse wird in folgender *Abbildung* verdeutlicht.

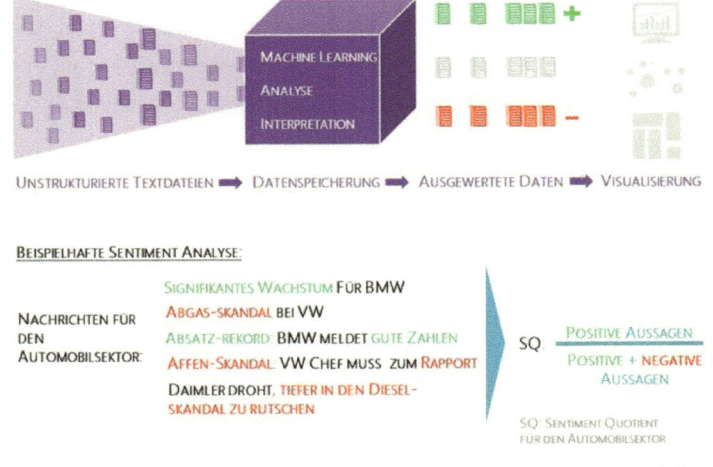

Abbildung 6: Funktionsweise der semantischen Analyse bei YUKKA Lab [95]

---

[93] Wiese 2017, o.S.
[94] YUKKA Lab, o.S.
[95] Quelle: Eigene Abbildung, angelehnt an YUKKA Lab, o.S.

Das *FinTech* konnte bereits die Schweizer Großbank UBS, die weltweit zu den größten Vermögensverwaltern zählt, als Geschäftskunden gewinnen. Das Produkt steht jedoch nicht nur Großbanken zur Verfügung, sondern auch Privatanlegern, die das System 15 Tage testen können, bevor 29€ pro Monat fällig werden. Das Angebot kann als *Self-Service-Robo* klassifiziert werden, da lediglich Kauf- bzw. Verkauf Signale für ausgewählte Finanzprodukte gegeben werden.

Mit ihrem Produkt, das komplexe Zusammenhänge einfach und intuitiv fassbar macht, gewann das Unternehmen im November 2017 den „Best-of-Show"-Preis auf der FinovateAsia in Hong Kong, der auch als Oscar der FinTech-Szene bezeichnet wird.[96]

4.3 ottonova

Die ottonova Krankenversicherung AG ist eine digitale private Krankenversicherung und wurde im Jahr 2015 in München gegründet. Seit 2017 ist das Unternehmen als Krankenversicherung von der BaFin zugelassen und ist damit die erste Neugründung einer Krankversicherung seit 17 Jahren gewesen.[97]

Das *FinTech* bietet zwei private Krankenversicherungstarife und eine, auch für gesetzlich Versicherte abschließbare, Zahnzusatzversicherung an. Das Angebot richtet sich insbesondere an gutverdienende Selbständige und Angestellte. Die Versicherungsverträge können dabei ausschließlich online abgeschlossen werden. Nach Vertragsabschluss können die Kunden über die Smartphone-App des *FinTechs* verschiedene Service-Leistungen in Anspruch nehmen. Darunter findet sich u.a. ein „24/7 Concierge", der es dem Kunden ermöglicht per Chat Fragen rund um Gesundheitsthemen zu stellen. Des Weiteren können die Versicherungsnehmer Rechnungen mit der App einscannen, wodurch die Bearbeitungszeiten zur Kostenrückerstattung verkürzt werden können. Eine persönliche Timeline kann Rechnungen und andere Dokumente, Notizen und Arzttermine, die ebenfalls über die App vereinbart werden können, sammeln und übersichtlich abbilden. Eine Alternative zum traditionellen Arztbesuch bietet das *FinTech* über den Partner eedoctors AG aus der Schweiz an. Per Video kann sich der Kunde mit einem in der Schweiz ansässigen Arzt verbinden, der Diagnosen oder Krankschreiben ohne zusätzliche Kosten über das Smartphone geben kann. Das Unternehmen verspricht sich durch die konsequente Digitalisierung der Prozesse signifikante Kosteneinsparungen.

---

[96] moneycab 2017, o.S.
[97] Scherff 2017, o.S.

Daneben wird auf Versicherungsmakler verzichtet, wodurch ebenfalls Kosten eingespart werden können.

5 Fazit und Ausblick

Zusammenfassend lässt sich feststellen, dass *FinTechs* sich auf dem deutschen Finanzmarkt breit aufgestellt haben und ein vielfältiges Spektrum an innovativen und kundenzentrierten Produkten und Dienstleistungen anbieten. In ihren internen Prozessen sind sie zumeist stark digital aufgestellt und können dadurch, im Gegensatz zu etablierten Finanzmarktteilnehmern, schlanke Kostenstrukturen realisieren, die sie an die Kunden in Form von niedrigeren Preisen bzw. skalierbaren Geschäftsmodellen weitergeben können. Hierdurch werden Produkte und Dienstleistungen auch Kunden zugänglich gemacht, die in der Vergangenheit aufgrund von konventionellen Strukturen bzw. geringen Vermögens oder Einkommens an diesen nicht partizipieren konnten. Als Beispiel können hier *Crowdlending-Plattformen* dienen, bei denen Anleger mit geringen Beträgen attraktive Renditechancen durch riskante, aber hochverzinsliche Kredite erhalten, die bislang Banken vorbehalten gewesen sind. Auch das *Social Trading* ermöglicht es Nutzern trotz eines gering verwalteten Investitionsbetrag, sich einer Form der Anlageberatung zu bedienen. Die Entwicklung solcher Geschäftsmodelle ist stark von technologischen Fortschritten wie dem Einsatz von künstlicher Intelligenz bedingt, die auch in Zukunft die Entwicklung von *FinTechs* beeinflussen wird. Dabei besitzt vor allem die *Blockchain-Technologie* das Potenzial für einen revolutionären Wandel. Neben dem technologischen Fortschritt wird die Entwicklung der *FinTechs* auch von regulatorischen Rahmenbedingungen bestimmt. In diesem Zusammenhang sind in naher Zukunft insbesondere die Auswirkungen der Umsetzung der Zweiten Zahlungsdiensterichtlinie (PSD2) abzuwarten. Diese sieht vor, dass Banken ihr exklusives Recht auf Kunden- und Kontoinformationen verlieren und auf Kundenwunsch auch Drittparteien (TTP-Third Party Provider) Zugang zu Kundenkonten gewähren müssen. Es wird interessant zu beobachten sein wie die *FinTechs* die neu verfügbaren Kundendaten für weitere kreative Serviceleistungen gewinnbringend einsetzen können.

6 Literaturverzeichnis

Accenture (2017): Innovation durch FinTechs, Wenn der Blockchain-Nebel sich lichtet – vom Hype zum Geschäftsmodell.

Alt, R./ Puschmann, T. (2016): Digitalisierung in der Finanzindustrie, Grundlagen der FinTech-Evolution, Berlin Heidelberg.

Arnold J. (2018): Das Kapitalmarktgeschäft in der Digitalisierung, In: Brühl, V./ Dorschel, J.: Praxishandbuch, Digital Banking, Wiesbaden.

BaFin (2016a): Zulassung von Banken und Finanzdienstleistern sowie von Zahlungs- und E-Geldinstituten, abgerufen unter (19.01.2018):
https://www.bafin.de/DE/Aufsicht/BankenFinanzdienstleister/Zulassung/zulassung_node.html

BaFin (2016b): Virtuelle Währungen/Virtual Currency (VC), abgerufen unter (21.01.2018): https://www.bafin.de/DE/Aufsicht/FinTech/VirtualCurrency/virtual_currency_node.html

BaFin (2016c): Crowdfunding, abgerufen unter (14.01.2018):
https://www.bafin.de/DE/Aufsicht/FinTech/Crowdfunding/crowdfunding_node.html;jsessionid=70B6D72F071017468B30AAAFA5DB8A32.1_cid390

BaFin (2016d): Automatisierte Finanzportfolioverwaltung, abgerufen unter (12.01.2018): https://www.bafin.de/DE/Aufsicht/FinTech/Finanzportfolioverwaltung/finanzportfolioverwaltung_node.html

BaFin (2016e): Robo-Advice und Auto-Trading – Plattformen zur automatisierten Anlageberatung und automatischem Trading, abgerufen unter (12.01.2018):
https://www.bafin.de/DE/Aufsicht/FinTech/Anlageberatung/anlageberatung_node.html

Bain & Company (2017): Versicherer der nächsten Generation: Die Servicerevolution.

Belleflamme P./ Lambert T. /Schwienbacher, A. (2014): Crowdfunding: Tapping in the Right Crowd, In: Journal of Business Venturing 29, S.585-609.

Braun, A. (2013): Social-Trading-simplified: Vom Know-How der Champions profitieren, München.

Braune A./ Landau C. (2017): FinTech – Digitale Geschäftsmodelle im Bankensektor, In: Schallmo, D.: Digitale Transformation von Geschäftsmodellen, Grundlagen, Instrumente und Best Practices, Wiesbaden.

Brühl, V. (2018): Banking 4.0 – Strategische Herausforderungen im digitalen Zeitalter, In: Brühl, V./ Dorschel, J.: Praxishandbuch, Digital Banking, Wiesbaden.

Brylewski, S./Lempka, R. (2017): ayondo: Social-, CFD- und B2B-Trading, In: Tiberius, V./ Rasche, C.: FinTechs, Disruptive Geschäftsmodelle im Finanzsektor, Wiesbaden.

Burgmaier, S./ Hüthig, S. (2015): BANKMAGAZIN - Jahrgang 2010: Für Führungskräfte der Finanzwirtschaft, Wiesbaden.

Christensen, C.M. (1997): The Innovator's Dilemma, When New Technologies Cause Great Firms to Fail, Boston.

Crowdfunding Informationsportal: Crowdlending Plattformen im Überblick: Gebühren, Mindestinvest, Laufzeiten, Vertragsmodalitäten und weitere Besonderheiten, abgerufen unter (17.01.2018): https://www.crowdfunding.de/crowdlending-plattformen/

Danker, W., BaFin (2016): FinTechs: Junge IT-Unternehmen auf dem Finanzmarkt, abgerufen unter (15.01.2018): https://www.bafin.de/SharedDocs/Veroeffentlichungen/DE/Fachartikel/2016/fa_bj_1601_fintechs.html

Deloitte (2016): Vorstellung der Blockchain-Technologie „Hallo, Welt!".

Drummer, D./ Jerenz, A./ Siebelt, P./ Thaten, M. (2016): FinTech – Herausforderung und Chance, Wie die Digitalisierung den Finanzsektor verändert.

EBA (2015): Joint Committee Discussion Paper on automation in financial advice.

Eilinghof D./ Lietzau, J. (2018): Attraktive Zinsen beim Festgeldvermittler, abgerufen unter (14.01.2018): http://www.finanztip.de/festgeld/weltsparen/

Eisenhofer, A. (2015): Finanzmärkte im Umbruch, In: Linnhoff/Popien, C. / Zaddach, M./ Grahl, A.: Marktplätze im Umbruch: Digitale Strategien für Services im Mobilen Internet, Berlin Heidelberg.

Ermisch, S. (2018): Insurtechs Digitalversicherer auf dem Vormarsch, abgerufen unter (01.02.2018): http://gruender.wiwo.de/insurtechs-digitalversicherer-auf-dem-vormarsch/

Europäisches Parlament (2016): Bitcoin und Co.: Vorteile und Nachteile virtueller Währungen, abgerufen unter (18.01.2018): http://www.europarl.eu-ropa.eu/news/de/headlines/economy/20160126STO11514/bitcoin-und-co-vorteile-und-nachteile-virtueller-wahrungen

Finanzen.net: Social Trading - eine Einführung, abgerufen unter (14.01.2018): https://www.finanzen.net/ratgeber/wertpapiere/social-trading

Finanzmarktwelt (2017): Voll automatische anonyme standardisierte Kreditvergabe – die Lawine setzt sich in Bewegung, abgerufen unter (10.01.2018): https://finanz-marktwelt.de/voll-automatische-anonyme-standardisierte-kreditvergabe-die-la-wine-setzt-sich-in-bewegung-52066/

Finanz-Research (2017): Gegner, Helfer, Partner, FinTechs und das Firmenkun-dengeschäft der Banken, Frankfurt.

Göbel, C.A. (2017): Wesentliche Standards und Technologien im mobilen Zah-lungsverkehr, In: Hierl, L.: Mobile Payment, Grundlagen – Strategie – Praxis, Wies-baden.

Gruber, S./ Seidel, M.: Herausforderungen für Finanzinstitute im Bereich des Crowdfundings, In: Seidel, M.: Banking & Innovation, Ideen und Erfolgsrezepte von Experten für die Praxis, Wiesbaden.

Hierl, L. (2017): Mobile Payment, Grundlagen – Strategie – Praxis, Wiesbaden.

Hierl, L./ Salmon, M. (2017): Betrugserkennungimmobilen Zahlungsverkehr, In: Hierl, L.: Mobile Payment, Grundlagen – Strategie – Praxis, Wiesbaden.

Horvarth & Partners (2014): FinTechs – Angriff auf die Geschäftsmodelle von Banken, Game Changer oder nächste Internet Blase?, Düsseldorf.

Kern, A. (2017): Wikifolio: Social Trading, In: Tiberius, V./ Rasche, C.: FinTechs, Disruptive Geschäftsmodelle im Finanzsektor, Wiesbaden.

Klöhn, L./ Hornuf, L./ Schilling, T. (2016): Crowdinvesting-Verträge - Inhalt, Entwicklung und praktische Bedeutung, In: Zeitschrift für Bankrecht und Bankwirtschaft 27 (3), S.142-178.

Klotz, M. (2017): N26, Yomo und bunq – die Wegwerf-Konten, abgerufen unter (14.01.2018): https://paymentandbanking.com/n26-yomo-und-bunq-die-wegwerf-konten/

Koschinowski, S./ Forster, M./ Reulecke, L. (2018): Blockchain – wie Banken die Technologie aus Prozess- und Produkt-Sicht nutzen können, In: Brühl, V./ Dorschel, J.: Praxishandbuch Digital Banking, Wiesbaden.

Kreditech: What we do, abgerufen unter (05.02.2018): https://www.kreditech.com/what-we-do/

Kreditech (2018): Kreditech Announces Strategy for 2018, abgerufen unter (05.02.2018): https://www.kreditech.com/press_release/kreditech-announces-strategy-2018/

Kreditech Jahresabschluss (2018): Jahresabschluss zum Geschäftsjahr vom 01.01.2016 bis zum 31.12.2016, abgerufen unter (05.02.2018): www.bundesanzei-ger.de

Kröner, M. (2017): Best of Both Worlds: Banken vs. FinTech?, In: Tiberius, V./ Rasche, C.: FinTechs, Disruptive Geschäftsmodelle im Finanzsektor, Wiesbaden.

Kyriasoglou, C. (2017): 10 Millionen für ein neues Versicherungsstartup – Peter Thiels Fonds investiert, abgerufen unter (01.02.2018): https://www.gru-enderszene.de/allgemein/10-millionen-seed-coya-valar-insurtech

Lemmer, F. (2017): Banken und Start-Ups: Miteinander ist fruchtbarer als Gegeneinander, In: Bank und Markt, Heft 4, S.19-21.

Lerner, T. (2012): Mobile Payment: Technologien, Strategien, Trends und Fallstudien, Wiesbaden.

Manz, S. (2018): Digital Transformation im Banking – lessons learned, In: Brühl, V./ Dorschel, J.: Praxishandbuch Digital Banking, Wiesbaden.

moneycab (2017): Oscar für Fintechs» geht an YUKKA Lab, abgerufen unter (05.02.2018), https://www.moneycab.com/2017/11/10/oscar-fuer-fintechs-geht-an-yukka-lab/

PwC (2016): Financial Services Technology 2020 and Beyond: Embracing disruption.

Rode, S.: Telematik in der Kfz-Versicherung, abgerufen unter (19.01.2018): https://www.check24.de/kfz-versicherung/telematik/

Roland Berger (2015): Analysen zur Studie – Die Digitale Transformation der Industrie, Berlin.

Scherff, D. (2017): Otto von Bismarcks digitale Erben, abgerufen unter (08.02.2018): http://www.faz.net/aktuell/finanzen/meine-finanzen/ottonova-private-krankenkasse-senkt-kosten-durch-digitalisierung-15065726.html

Schmitz, C./ Müller-Tronnier, D. (2018): FinTechs – Revolution oder Hype, In: Brühl, V./ Dorschel, J.: Praxishandbuch Digital Banking, Wiesbaden.

Schramm, D./ Carstens, J. (2014): Startup-Crowdfunding und Crowdinvesting: Ein Guide für Gründer, Mit Kapital aus der Crowd junge Unternehmen online finanzieren, Wiesbaden.

Sironi, P. (2016): My Robo Advisor was an iPod – Applying lessons from other sectors to FinTech disruption, In: Chishti, S./ Barberis, J.: The FinTech Book – The Financial Technology Handbook for Investors, Entrepreneurs and Visionaries, Chichester.

Sennewald, D.: Ginmon: Robo Advisor, In: In: Tiberius, V./ Rasche, C.: FinTechs, Disruptive Geschäftsmodelle im Finanzsektor, Wiesbaden.

Sixt, E. (2014): Schwarmökonomie und Crowdfunding: Webbasierte Finanzierungssysteme im Rahmen realwirtschaftlicher Bedingungen, Wiesbaden.

Startnext: Provision und Transaktionsgebühren, abgerufen unter (16.01.2018): https://www.startnext.com/hilfe/gebuehren.html

Stiftung Warentest: Robo-Advisor: Was die auto-matisierte Vermögens-verwaltung taugt, abgerufen unter (13.01.2018): https://www.test.de/Robo-Advisor-Was-die-automatisierte-Vermoegensverwaltung-taugt-5107535-0/

Striezel, M./ Steger, S./ Bremen, T. (2018): Digitale Transformation im Banking – Ein Überblick, In: Brühl, V./ Dorschel, J.: Praxishandbuch Digital Banking, Wiesbaden.

Tiberius, V./ Rasche, C. (2017): Disruptive Geschäftsmodelle von FinTechs: Grundlagen, Trends und Strategieüberlegungen, In: Tiberius, V./ Rasche, C.: FinTechs, Disruptive Geschäftsmodelle im Finanzsektor, Wiesbaden.

VisionBakery: Wer steckt hinter der VisionBakery?, abgerufen unter (18.01.2018): http://www.visionbakery.com/ueber-uns

Wiese, T. (2017): Die Wachstumschampions 2018, abgerufen unter (06.02.2018): https://de.statista.com/infografik/11652/statista-focus-wachstumschampions-2018/

Wolff-Martin, V. (2014): Peer-to-Peer- und Friend-to-Friend-Versicherungsmodelle und die Herausforderungen aus IT-Sicht, abgerufen unter (22.01.2018): https://blog.versicherungsforen.net/2014/02/peer-to-peer-und-friend-to-friend-versicherungsmodelle-und-die-herausforderungen-aus-it-sicht/

YUKKA Lab: Homepage, abgerufen unter (06.02.2018): https://www.yukkalab.com/